AF219452

Impressum
Verlag: BABADADA GmbH, Nedderfeld 112 , 22529 Hamburg
Geschäftsführer / Verlagsleitung: Harald Hof
Druck: Books on Demand GmbH, In de Tarpen 42, 22848 Norderstedt

Imprint
Publisher: BABADADA GmbH, Nedderfeld 112 , 22529 Hamburg, Germany
Managing Director / Publishing direction: Harald Hof
Print: Books on Demand GmbH, In de Tarpen 42, 22848 Norderstedt, Germany

dugsi

школа

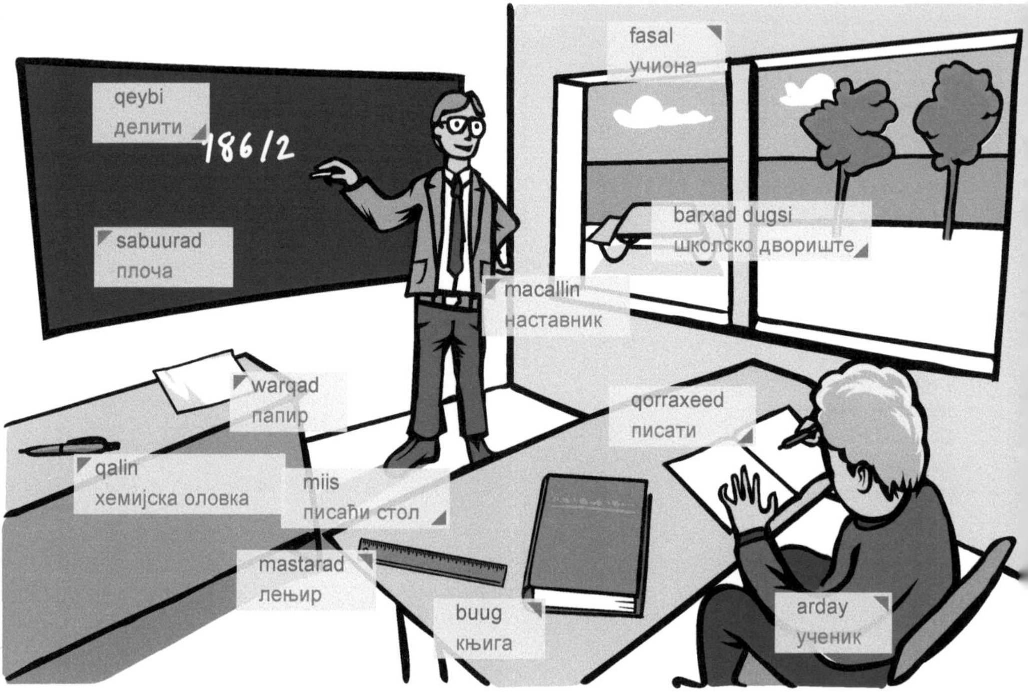

fasal
учиона
qeybi
делити
186/2
sabuurad
плоча
barxad dugsi
школско двориште
macallin
наставник
warqad
папир
qorraxeed
писати
qalin
хемијска оловка
miis
писаћи сто
mastarad
лењир
buug
књига
arday
ученик

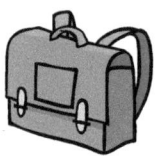

boorso

торба

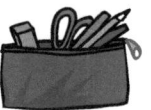

kiis qalin-qori

перница

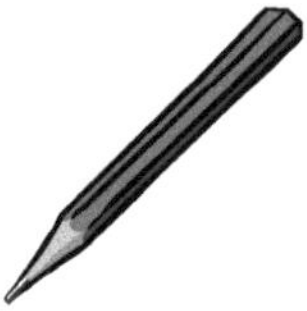

qalin-qori

графитна оловка

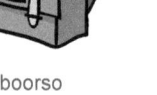

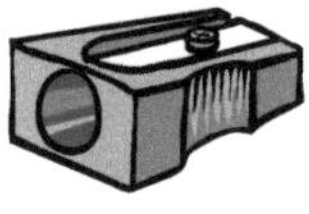

koobka qalin qor

шиљило за оловке

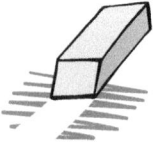

titirre

гумица за брисање

buugga sawirka

блок за цртање

sawirid

цртеж

burushka midabaynta

кист

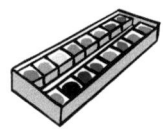

gasaca midabaynta

кутија са бојама

maqasyo

маказе

koollo

лепило

buug qoraal

бележница

shaqo-guri

домаћи задатак

lambar

број

ku dar

сабирати

ka jar

одузимати

ku dhufo

множити

xisaabi

рачунати

warqad

слово

alifbeeto

абецеда

erey

реч

qoraal

текст

akhri

читати

jeesto

креда

cahsar

час

diiwaan

дневник

imtixaan

испит

shahaado

сведочанство

direes dugsi

школска униформа

waxbarasho

образовање

diwaan mowduuceed

лексикон

jaamacad

универзитет

mayskariskoob

микроскоп

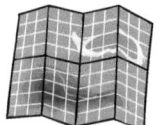

khariidad

карта

haan qashin-gur

кошара за папир

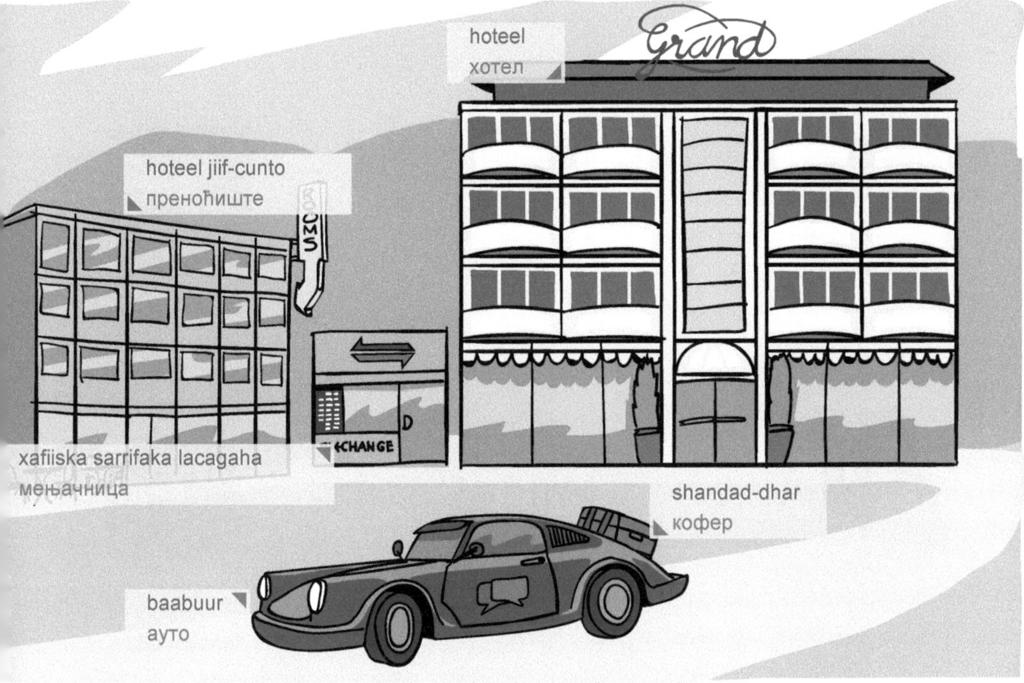

hoteel
хотел
hoteel jiif-cunto
преноћиште
ROOMS
EXCHANGE
xafiiska sarrifaka lacagaha
мењачница
shandad-dhar
кофер
baabuur
ауто

luuqad

језик

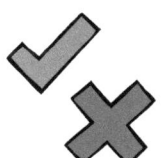

haa / maya

да / не

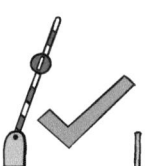

Hagaag

океј

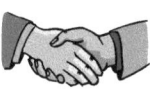

nabad miyaa

здраво

turjumaan

преводилац

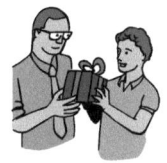

Waad mahadsan tahay

хвала

waa immisa...?

Колико кошта...?

ma aanan fahamin

не разумем

dhibaato

проблем

galab wanaagsan!

добро вече!

subax wanaagsan!

Добро јутро!

habeen wanaagsan!

Лаку ноћ!

nabad gelyo

довиђења

jiho

смер

alaabo

пртљага

boorso

торба

boorso-dhabar

руксак

marti

гост

qol

соба

katiifad

врећа за спавање

teendho

шатор

xog dalxiis

туристичке информације

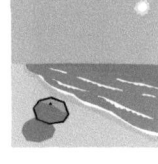

xeebta

плажа

kaar amaah

кредитна картица

quraac

доручак

qado

ручак

casho

вечера

rasiid

карта за вожњу

wiish

лифт

tiimbare

поштанска маркица

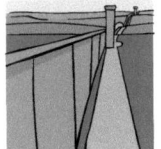

xuduud

граница

qeybta-canshuur-bixinta

царина

safaarad

амбасада

dal ku gal

виза

baasaboor

пасош

safar - путовање

gaadiid

транспорт

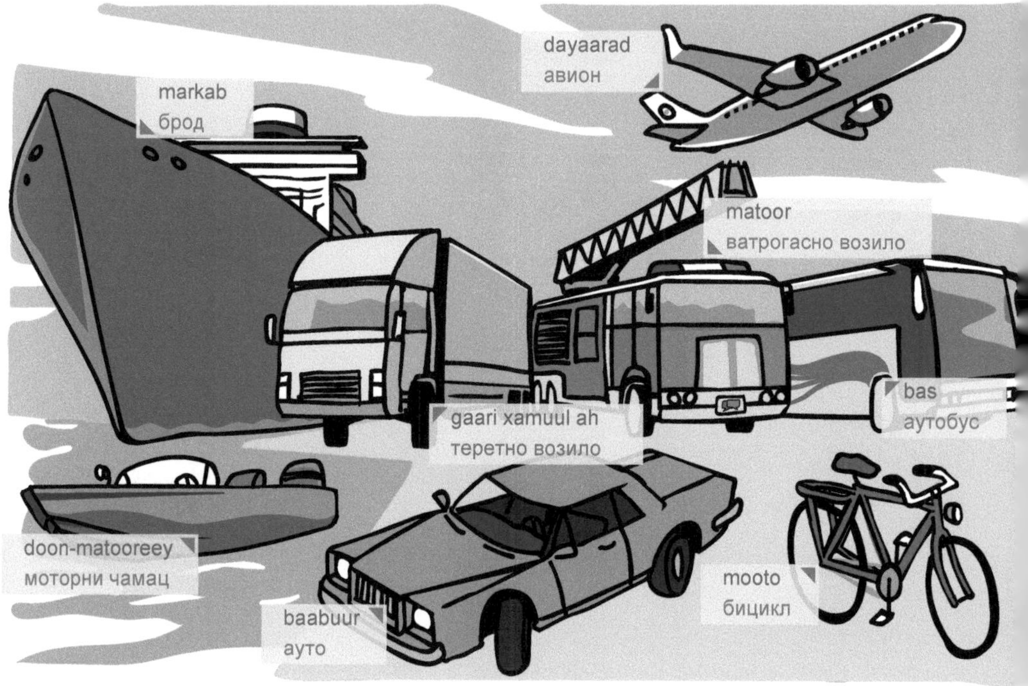
dayaarad
авион
markab
брод
matoor
ватрогасно возило
bas
аутобус
gaari xamuul ah
теретно возило
doon-matooreey
моторни чамац
mooto
бицикл
baabuur
ауто

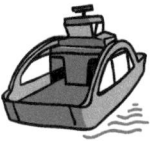

doon

трајект

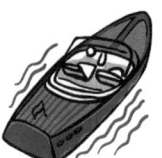

doonnida

чамац

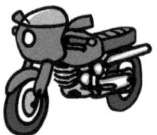

mooto

мотоцикл

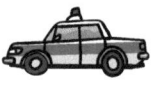

baabuur booliis

полицијски ауто

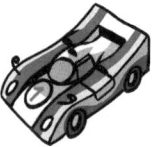

baabuur baratan

тркаћи ауто

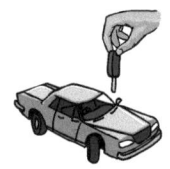

baabuur la-kiraysto

изнајмљено ауто

gaadiid-wadaag

дељење аутомобила

wiishle

вучно возило

gaari qashin-gure

возило за одвоз смећа

matoor

мотор

shidaal

бензин

ajib

бензинска станица

calaamad taraafiko

саобраћајни знак

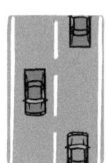

taraafiko

саобраћај

jaam baabuur

застој

baarkin-baabuur

паркиралиште

boosteejo tareen

железничка станица

waddo-tareen

шине

tareen

воз

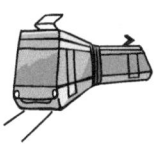

taraam

трамвај

gaari faras

вагон

helikobtar

хеликоптер

garoonka dayuuradaha

аеродром

manaarad

кула

rakaab

путник

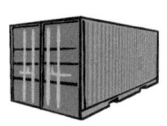

weel

контејнер

kartoon

картон

gaari faras

колица

dambiil

корпа

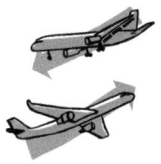

kicid / degis

узлетети / слетети

magaalo

град

tuulo

село

faras magaale

центар града

guri

кућа

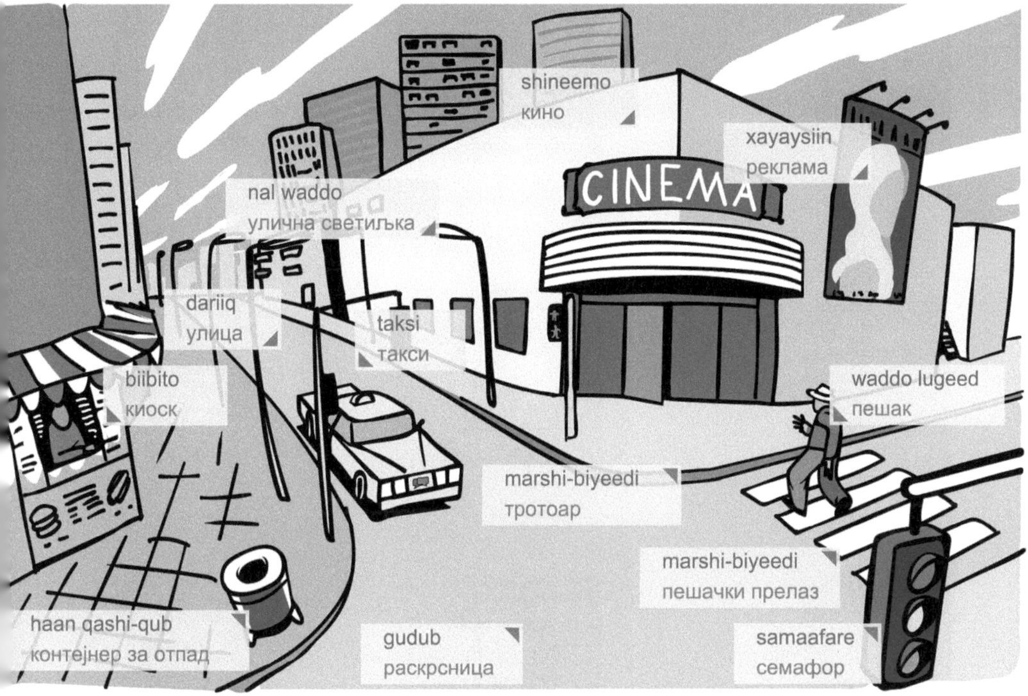
shineemo
кино
xayaysiin
реклама
CINEMA
nal waddo
улична светиљка
dariiq
улица
taksi
такси
biibito
киоск
waddo lugeed
пешак
marshi-biyeedi
тротоар
marshi-biyeedi
пешачки прелаз
haan qashi-qub
контејнер за отпад
gudub
раскрсница
samaafare
семафор

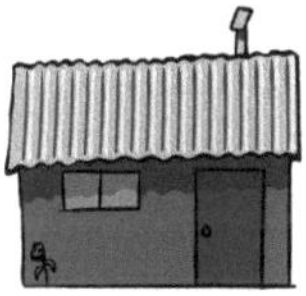

mundul

колиба

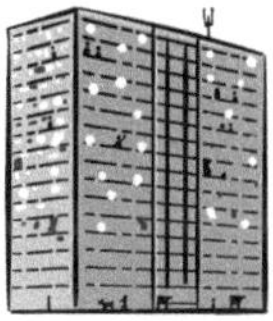

dabaq

стан

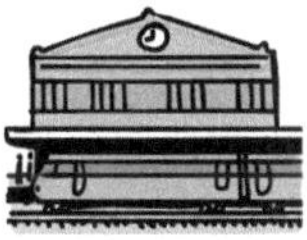

boosteejo tareen

железничка станица

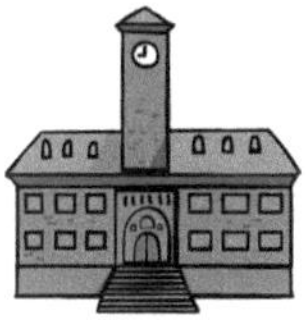

xarunta dowladda-hoose

већница

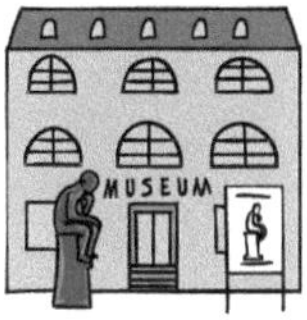
MUSEUM

matxaf

музеј

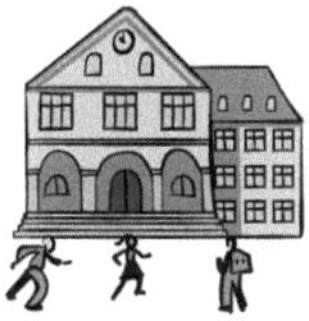

dugsi

школа

jaamacad

универзитет

bangi

банка

isbitaal

болница

hoteel

хотел

farmasi

апотека

xafiis

канцеларија

buug shoob

књижара

dukaan

продавница

dukaan ubax

цвећара

carwo

супермаркет

suuq

трг

suuq weyne

робна кућа

kalluun-iibshe

рибарница

suuq

трговачки центар

furdo

лука

jardiino

парк

kursi

клупа

buundo

мост

jaraanjaro

степенице

waddo-tareen-hoosaad

подземна железница

waddo-dhul hoose

тунел

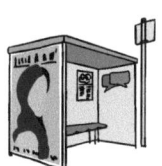

boosteejo

аутобуска станица

baar

бар

makhaayad

ресторан

sanduuq boosto

поштанско сандуче

calaamad waddo

улични знак

joogid-cabbire

паркирни аутомат

beer-xayawaan

зоолошки врт

barkad dabbaalasho

базен

masaajid

џамија

beer

сеоско газдинство

naqas

загађење околине

qabuuro

гробље

kaniisad

црква

garoon

игралиште

macbad

храм

muqaal-dhireed

пејсаж

caleen
лист

calaamad-waddo
путоказ

waddo
пут

seere
ливада

dhagax
камен

geed
дрво

buur korre
шетач

webi
река

caws
трава

ubax
цвет

dooxo

долина

buur

планина

laag

језеро

kayn

шума

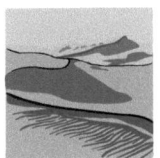

saxare

пустиња

foolkaano

вулкан

qasri

дворац

qaanso-roobaad

дуга

barkin-waraabe

гљива

geed timireed

палма

kaneeco

москито

duqsi

мува

qoraanjo

мрав

shinni

пчела

caaro

паук

dameer-duudeey

буба

rah

жаба

dabagaalle

веверица

kashiito

јеж

dabagaalle

зец

guumeys

сова

shimbir

птица

boolo-boolo

лабуд

doofaar-jilibeey

дивља свиња

deero

јелен

faras-duur

лос

biyo-xireen

насип

tamar-dhaliye

ветрењача

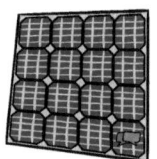

soollar

соларна плоча

cimilo

клима

makhaayad
ресторан

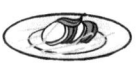

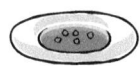

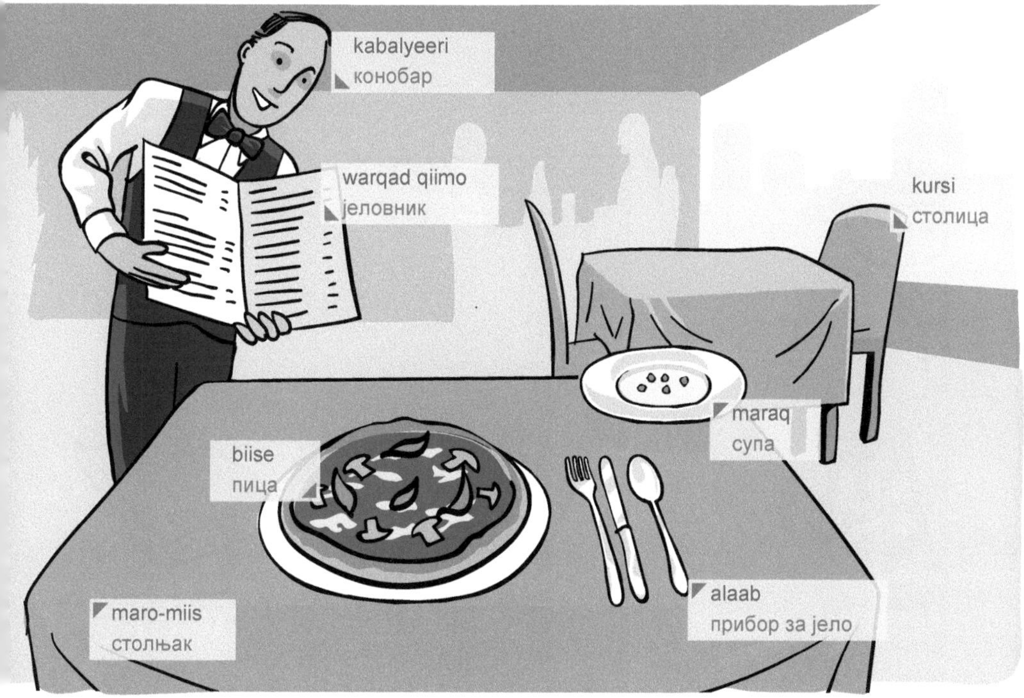
kabalyeeri
конобар
warqad qiimo
јеловник
kursi
столица
maraq
супа
biise
пица
alaab
прибор за јело
maro-miis
столњак

af-billow
предјело

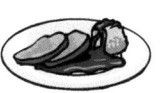

cunto bariimo
главно јело

macmacaan
десерт

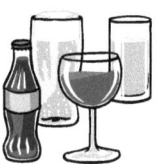

cabitaan
напитци

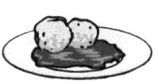

cunto
јело

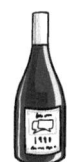

dhalo
флаша

cunto diyaarsan

брза храна

cunto-waddo

имбис храна

jalmad shaah

чајник

weelka sonkorta

доза за шећер

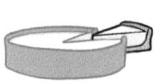

qayb

порција

mashiinka isbareesada

апарат за еспресо

kursi dheer

висока столица

biil

рачун

tereey

послужавник

mindi

нож

fargeeto

виљушка

qaaddo

кашика

malqacad-shaah

чајна кашика

shukumaan miis

салвета

galaas

чаша

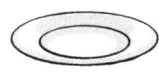

saxan

тањир

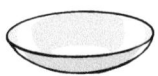

saxanka maraqa

тањир за супу

saxan

тањирић

suugo

сос

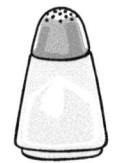

weelka cusbada

сољенка

basbaas shiide

млин за бибер

fixiye

сирће

saliid

уље

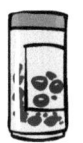

dhandhanaan

зачини

suugo

кечап

mastaard

сенф

mayoonees

мајонеза

carwo

супермаркет

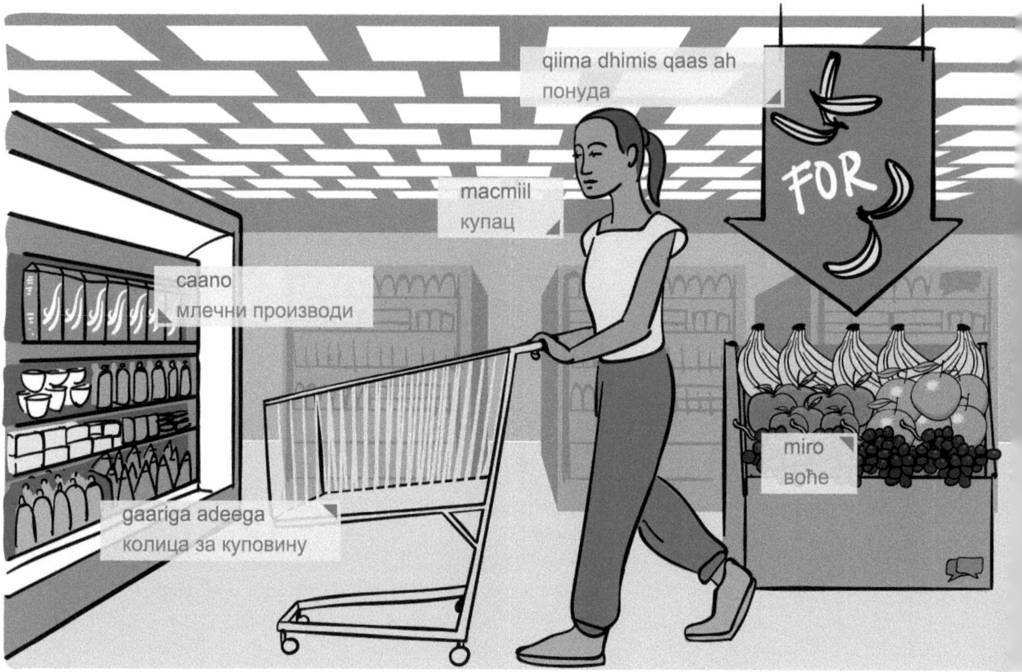

qiima dhimis qaas ah
понуда
FOR
macmiil
купац
caano
млечни производи
miro
воће
gaariga adeega
колица за куповину

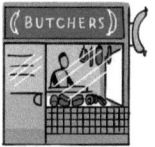

BUTCHERS

kawaan

месница

BAKERY

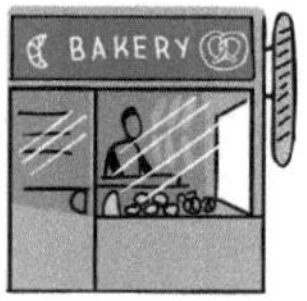

foorno

пекара

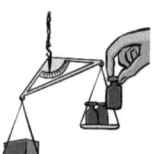

cabbir

вагати

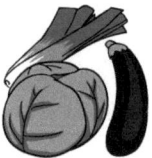

khudaar

поврће

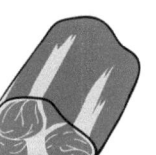

hilib

месо

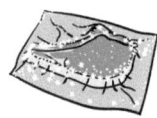

cunto la qaboojiyay

смрзнута храна

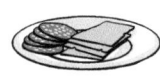

hilibka qadada

нарезак

cunto gasacadeysan

конзерве

oomo

средство за прање

macmacaan

слаткиши

alaabada guri

артикли за домаћинство

alaabo nadaafad

средства за чишћење

iibshe

продавачица

diiwaan lacagta

благајна

qasnaji

благајник

liis adeeg

листа за куповину

saacadaha shaqo

време рада

shandada jeebka

новчаник

kaar amaah

кредитна картица

bac

торба

bac

пластична кеса

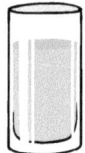

biyo

вода

casiir

сок

caano

млеко

kooka-kola

кола

khamri

вино

biir

пиво

khamri

алкохол

kooke

какао

shaah

чај

kafee

кава

isberesso

еспресо

koobishiin

капучино

muus

банана

tufaax

јабука

liin-bambeelmo

наранџа

qare

лубеница

liin

лимун

karooto

шаргарепа

toon

бели лук

baambuu

бамбус

basal

лук

barkin-waraabe

гљива

loos

орашасти плодови

baasto

резанци

baasto

шпагете

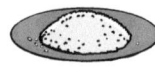

bariis

рижа

salar

салата

jibsi

помфрит

baradho shiilan

печени крумпир

biise

пица

haambeegar

хамбургер

saanwij

сендвич

hilib-jiir

шницла

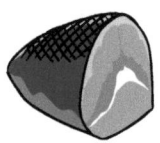

hilib-doofaar

шунка

salami

салама

sooseej

кобасица

hilib-digaag

кокош

duban

печење

kalluun

риба

sareenta mashaarida

зобене пахуљице

quraac isku-dhafan

мусли

daango

кукурузне пахуљице

bur

брашно

nooc rooti ah

кроасан

rooti

пециво

rooti

хлеб

rooti-la-kulluleeyey

тоаст

buskud

кекси

subag

маслац

hanti

свежи сир

doolsho

колач

ukun

јаје

ukun shiilan

јаје на око

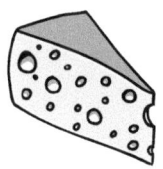

burcad

сир

jalaato

сладолед

sonkor

шећер

malab

мед

malmalaado

мармелада

labeen macmacaan

нугат крема

suugo

кари

сеоско газдинство

guri-beereed
сеоска кућа

xero-xoolaad
амбар

caws jiilaal
бале сена

beer
поље

faras
коњ

gaari isjiid ah
приколица

faras yare
ждребе

cagafcagaf
трактор

dameer
магарац

neyl
лане

idaha
овца

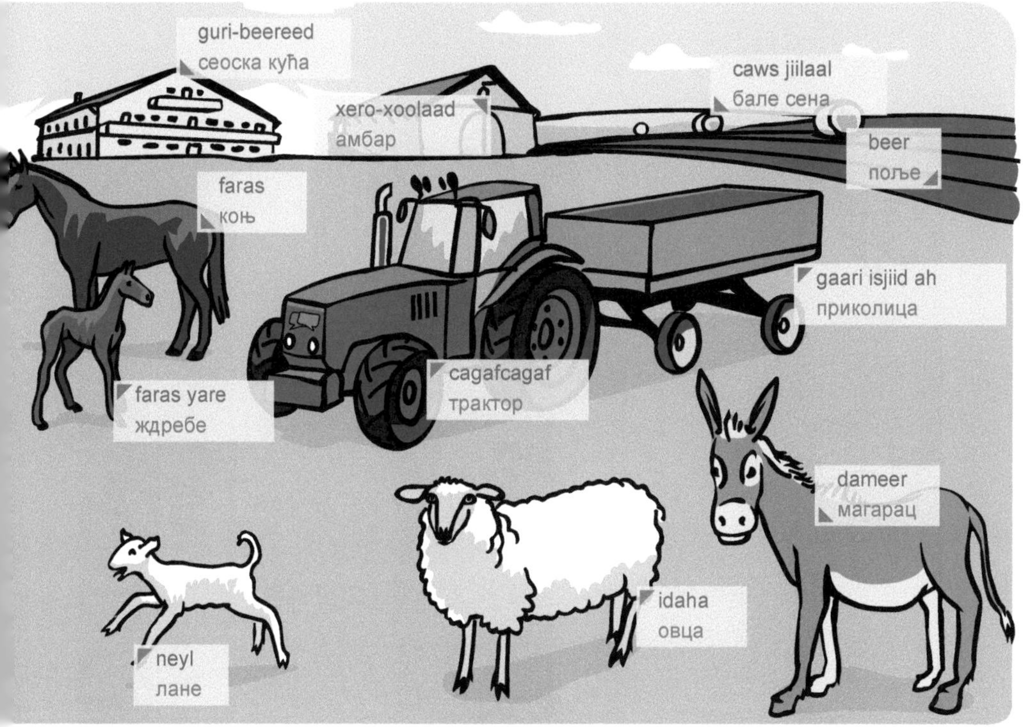

ri'
коза

sac
крава

weyl
теле

doofaar
свиња

dhal doofaar
прасе

dibi
бик

bawaato lab

гуска

bawaato

патка

jiijiile

пилићи

digaag

кокош

diiq

петао

doolli

пацов

bisad

мачка

jiir

миш

dibi

во

eey

пас

hoyga eeyga

кућица за пса

tuubbo waraab

вртно црево

sakeelka waraabinta

канта за поливање

gudin

коса

carro-roge

плуг

beer - сеоско газдинство

gudin

срп

yaambo

мотика

fargeeto caws-beereed

виљушка за ђубриво

faas

секира

gaari -gacan

тачке

dar

корито

dhalada caanaha

посуда за млеко

jawaan

врећа

deer

ограда

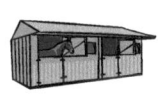

xero xooleed

штала

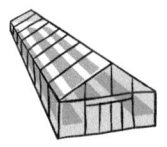

gur-biqlin-dhireed

стакленик

ciidda

земља

abuuka

семе

bacrimiye

ђубриво

cagafta beer-goynta

комбајн

beer-goyn

жети

beer-gooyn

жетва

moxog

јамс зачин

sarreen

пшеница

soya

соја

baradho

крумпир

galley

кукуруз

geed-saliideed

уљана репица

geed mirood

воћка

moxog

гомољ маниоке

firiley

житарице

guri

кућа

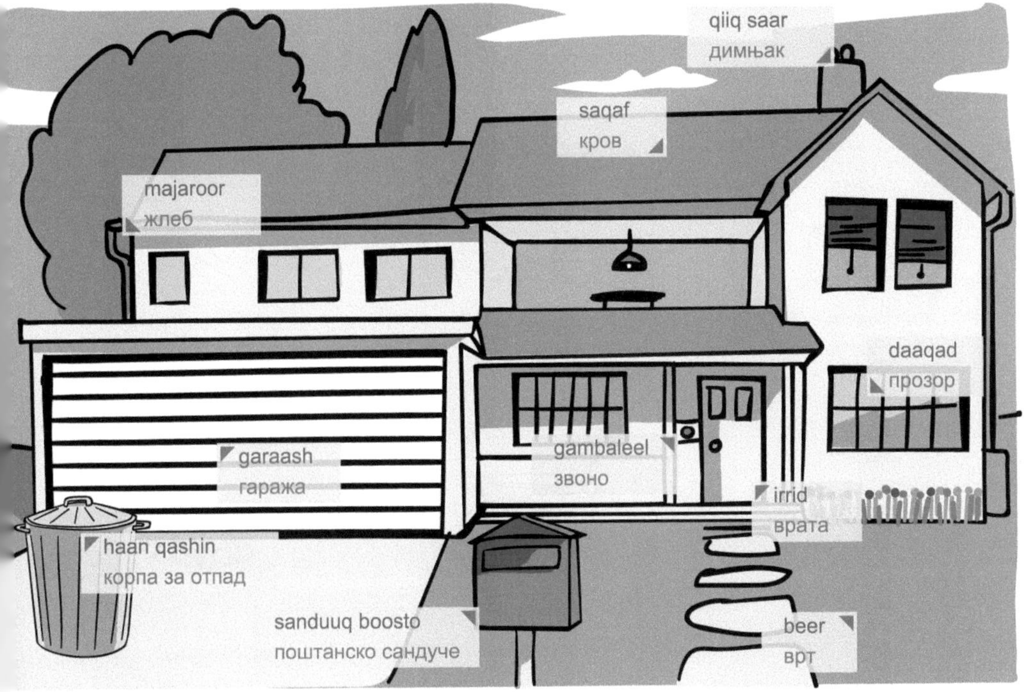
qiiq saar
димњак
saqaf
кров
majaroor
жлеб
daaqad
прозор
garaash
гаража
gambaleel
звоно
irrid
врата
haan qashin
корпа за отпад
sanduuq boosto
поштанско сандуче
beer
врт

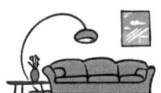

qol jiib

дневна соба

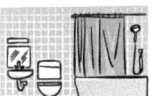

musqul-qubeys

купаоница

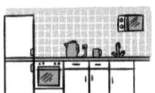

jiko

кухиња

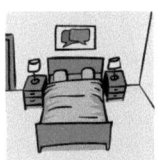

qolka jiifka

спаваћа соба

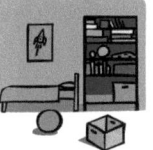

qolka ilmaha

дечија соба

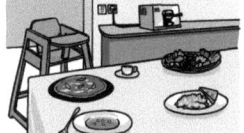

qolka cuntada

трпезарија

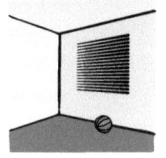

sagxad

под

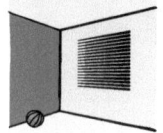

derbi

зид

saqaf

строп

makhaasiin

подрум

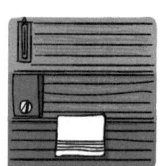

soona

сауна

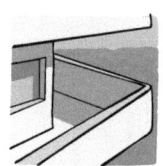

balakoon

балкон

daarad

тераса

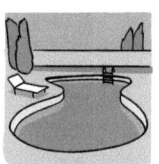

barkad

базен

caws-jare

косилица за траву

buste

постељина за кревет

go'

дека за кревет

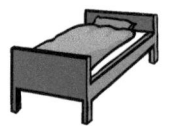

sariir

кревет

xaaqin

метла

baaldi

канта

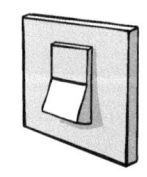

daare-damiye

прекидач

qol jiib

дневна соба

sharaaxd-derbi
тапета
sawir
слика
feynuus
светиљка
qaanad
регал
armaajo
ормар
telefiishan
телевизија
dab-shid
камин
ubax
цвет
barkin
јастук
fadhi-carbeed
кауч
dheri-ubax
ваза
rimuud
даљински управљач

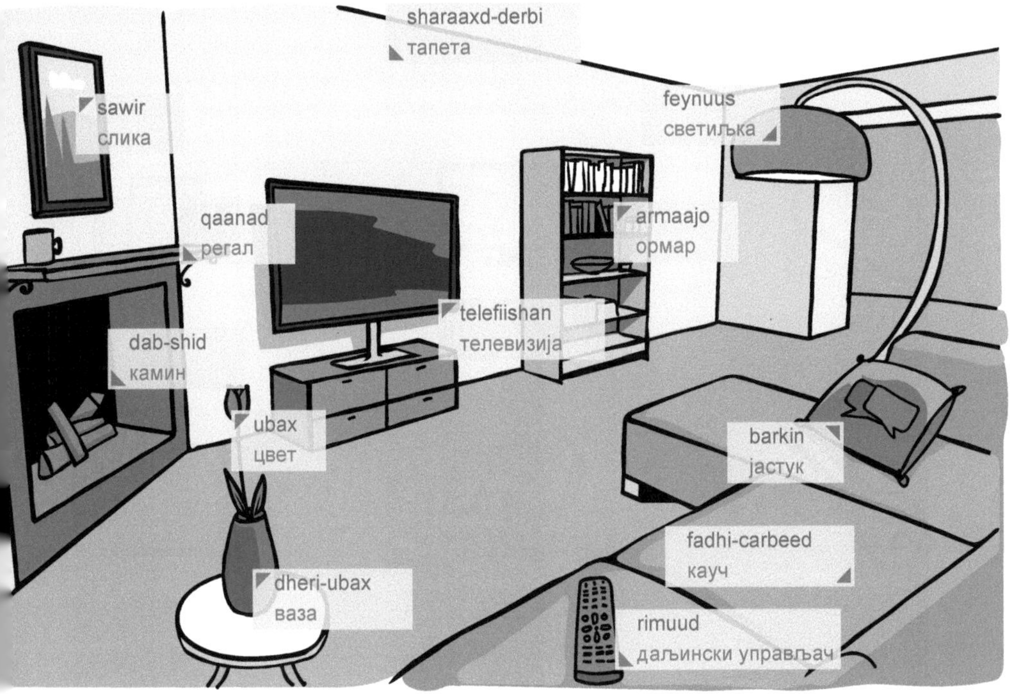

roog

тепих

daah

завеса

miis

сто

kursi

столица

kursi wareega

столица за њихање

kursi fadhi

фотеља

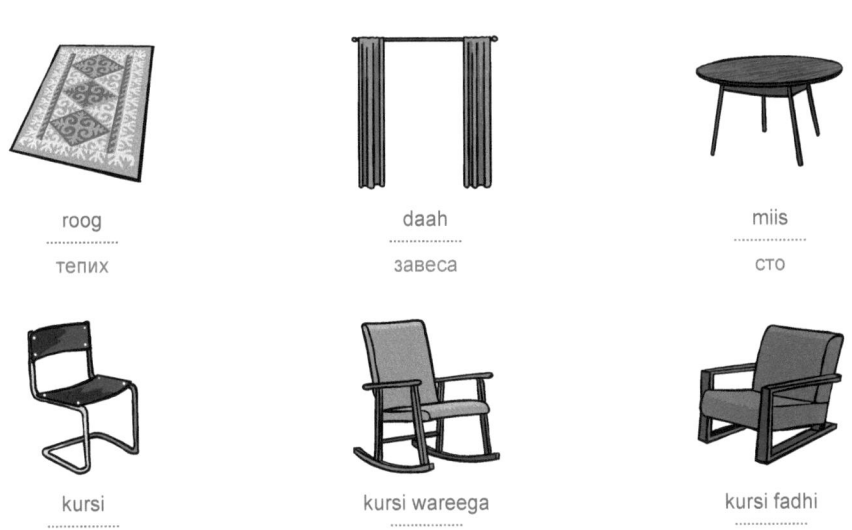

buug

књига

buste

дека

qurxin

декорација

xaabo

дрво за огрев

filin

филм

cod-baahiye

хи-фи уређај

fure

кључ

wargeys

новине

rinjiyeyn

слика на платну

tabeelo

постер

raadiye

радио

xusuus-qor

блок за писање

huufar

усисивач

tiitiin

кактус

shumac

свећа

jiko
кухиња

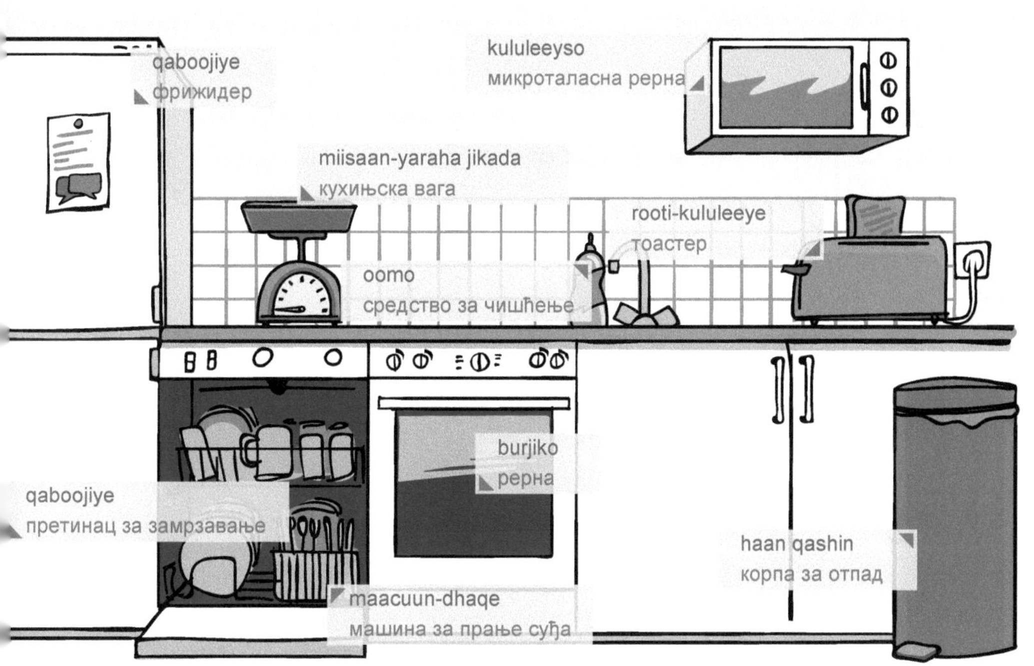
qaboojiye
фрижидер
kululeeyso
микроталасна рерна
miisaan-yaraha jikada
кухињска вага
rooti-kululeeye
тоастер
oomo
средство за чишћење
burjiko
рерна
qaboojiye
претинац за замрзавање
haan qashin
корпа за отпад
maacuun-dhaqe
машина за прање суђа

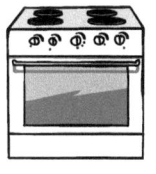

kuuker
шпорет

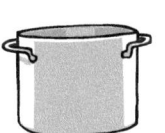

dheri
лонац

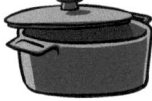

birtaawo
гвоздени лонац

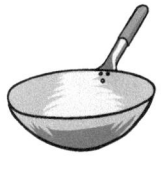

birtaawo
вок / кадаи

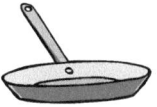

birtaawo
тава

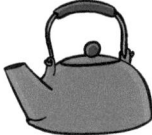

kirli
кувало за воду

uumiye

кувало на пару

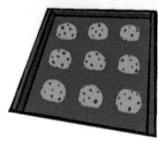

saxaarad dubista

лим за печење

maacuun

посуђе

bakeeri

чаша

baaquli

посуда

qoryo wax lagu cuno

штапићи за јело

malqacad

кутлача

qaado

лопатица

folow

пењача

miire

сито за кување

shashaq

сито

qudaar-jare

рибеж

mooye

мужар

hilib-sol

роштиљ

dab

огњиште

alwaaxa wax-jar-jarka

даска

ul jabaati

оклагија

guf-saare

вадичеп

gasac

конзерва

gasac-fure

отварач конзерви

istaraasho-jiko

крпа за лонац

saxanka-alaab-dhaqa

судопер

caday

четка

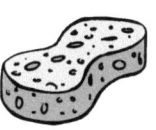

isbuunyo

сунђер

shiide

миксер

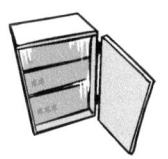

qaabojin qoto-dheer

замрзивач

masaasad

флашица за бебе

tuubbo

славина за воду

musqul-qubeys

купаоница

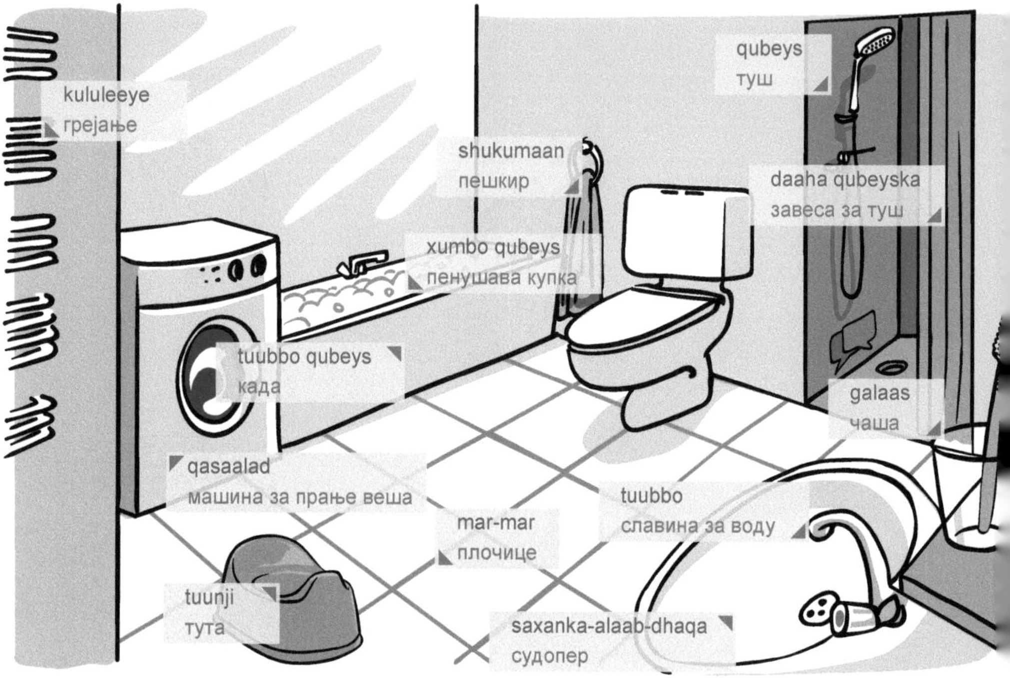

kululeeye
грејање
qubeys
туш
shukumaan
пешкир
daaha qubeyska
завеса за туш
xumbo qubeys
пенушава купка
tuubbo qubeys
када
galaas
чаша
qasaalad
машина за прање веша
tuubbo
славина за воду
mar-mar
плочице
tuunji
тута
saxanka-alaab-dhaqa
судопер

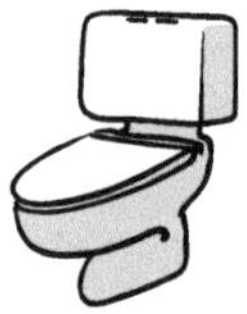

musqul

тоалет

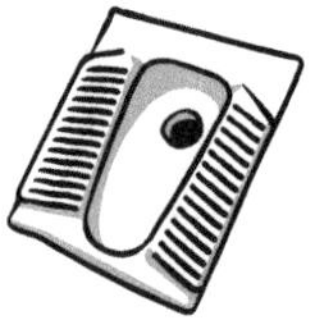

musqusha fadhiga

чучавац

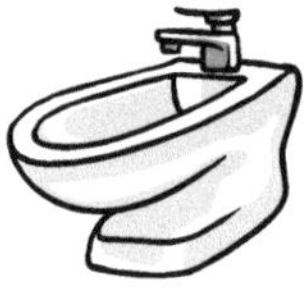

siin

бидет

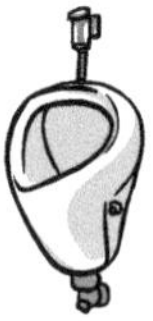

weel kaadi

писоар

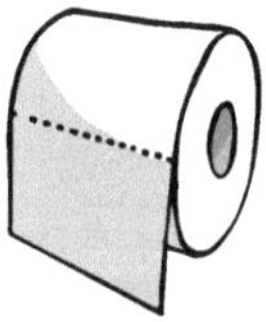

tiish musqul

тоалетни папир

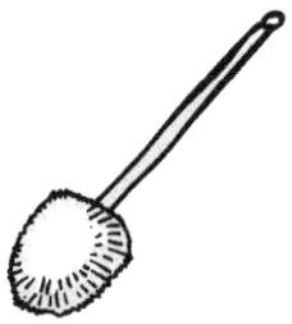

burushka musqusha

четка за тоалет

caday

четкица за зубе

daawo caday

паста за зубе

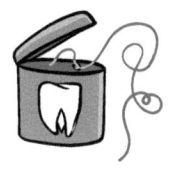

dunta ilka farashada

конац за зубе

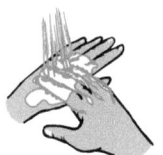

dhaq

прати

gacan qubeys

туш ручица

tuubo-musqul

туш за прање интимних делова

beeshin

лавор

burush-qubeys

четка за прање леђа

saabuun

сапун

shaambo

гел за туширање

shaambo

шампон

cago-saar

крпа за прање

biyo-saare

одвод

kareem

крема

carfiso

дезодоранс

muraayad

огледало

muraayad gacmeed

козметичко огледало

sakiin

бријач

xumbada xiirashada

пена за бријање

daawo gar-xiir

лосион за после бријања

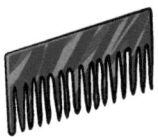

shanlo

чешаљ

burush

четка

fooneeye

фен за косу

timo-buufis

спреј за косу

waji-qurxiye

шминка

rooseeto

руж за усне

cidiyo-nadiifiye

лак за нокте

dun

вата

cidiyo-jar

маказе за нокте

baarafuun

парфем

boorso-wajidhaq

козметичка торбица

saxaro

столица

miisaan culays

вага

dhar-qubeys

огртач

gacma gashi cinjir

рукавице за чишћење

tambooni

тампон

tiimshe

уложак

musqul kiimiko

хемијски тоалет

qolka ilmaha

дечија соба

saacadda dhawaaqda
будилник
boombale caruur
плишана играчка
baabuur caruureed
ауто играчка
sanqadh
звечка
guriga caruusada
кућица за лутке
hadiyad
поклон

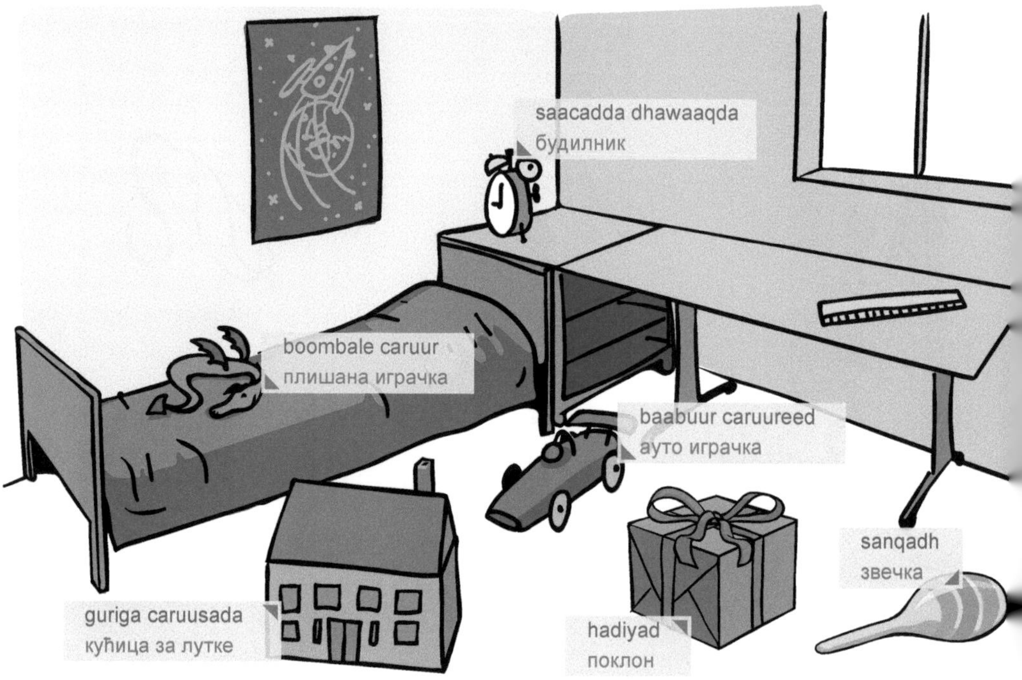

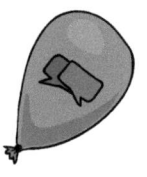

buufin

балон

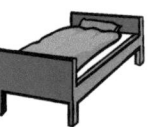

sariir

кревет

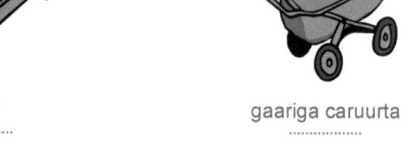

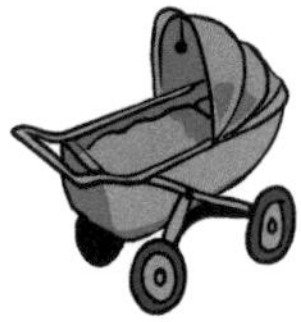

gaariga caruurta

дјечија колица

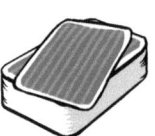

turub

игра са картама

miinshaar

слагалица

SUPER
MEGA

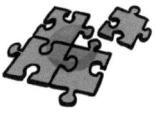

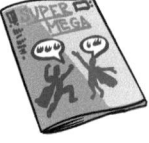

maad

стрип

bulkeeti boombale ah

лего коцкице

tooy

коцкице за слагање

sanam

акциони јунак

isku-jooga dhallaanka

бенкица за бебе

aalad cayaar

фризби

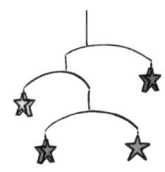

moobaayl

висеће играчке

khamaar

друштвене игре

laadhuu

коцка

moodo tareen

минијатурна жељезница

boombale

дуда

xaflad

забава

buug sawirro

сликовница

kubbad

лопта

boombale

лутка

cayaar

играти

dhoobo-dhoobeey

пешчаник

wiifoow

љуљачка

alaab-alaabeey

играчка

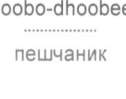

geemka gacanta laga hago

конзола за игре

baaskiil

трицикл

boombale

теди

armaajo dhar

ормар

dhar
одећа

sigisaan

кратке чарапе

sigsaan haween

чарапе

surwaal-dhuuqsan

хулахопке

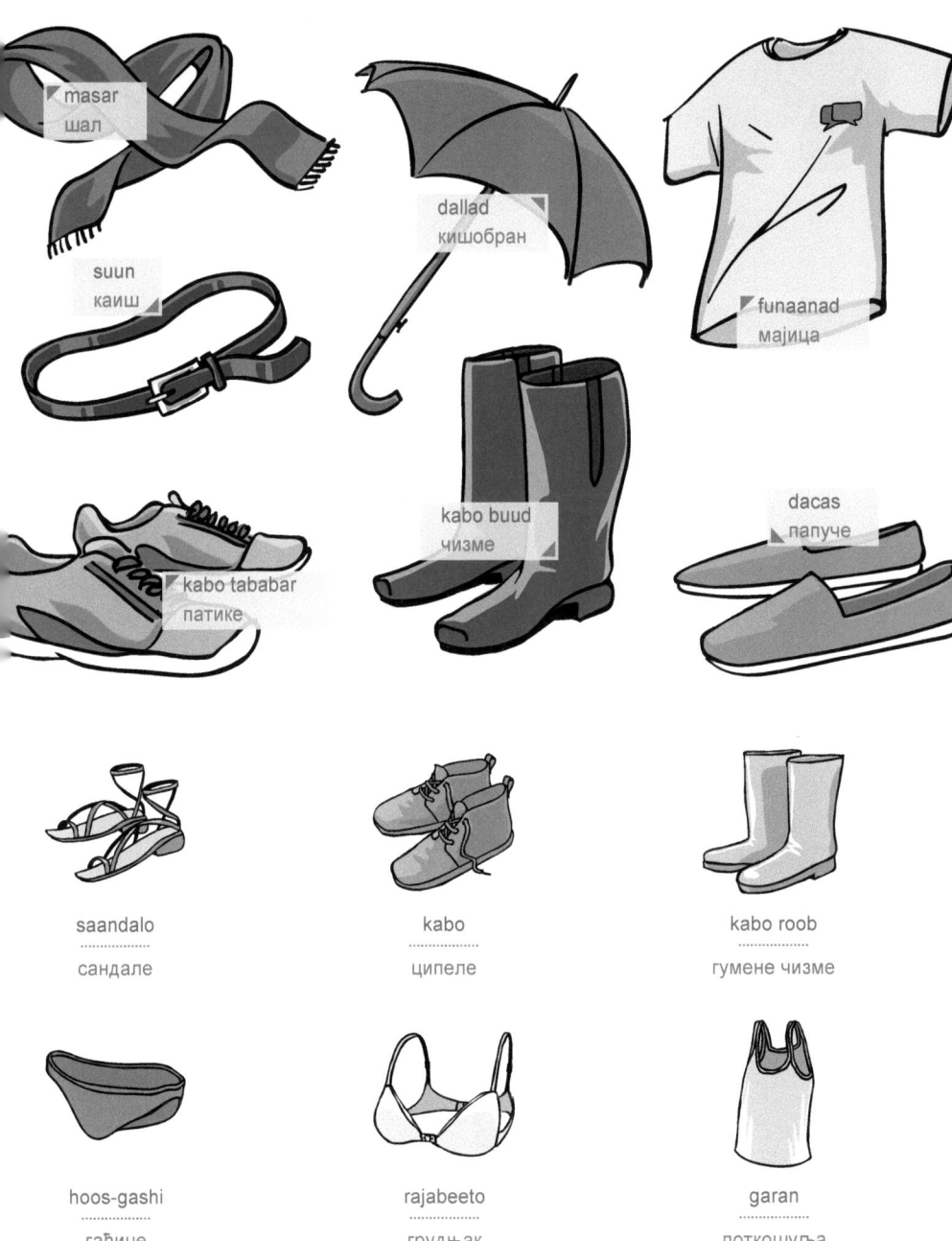

masar
шал

dallad
кишобран

funaanad
мајица

suun
каиш

kabo buud
чизме

dacas
папуче

kabo tababar
патике

saandalo
....
сандале

kabo
....
ципеле

kabo roob
....
гумене чизме

hoos-gashi
....
гаћице

rajabeeto
....
грудњак

garan
....
поткошуља

dhar - одећа   45

jir

боди

surwaal

панталоне

surwaal jeenis

фармерке

goono

сукња

canbuur

блуза

shaati

кошуља

funaanad-dhaxameed

џемпер

garan dhaxameed

џемпер с капуљачом

jaakad fudud

сако

jaakad

јакна

koodh

мантил

koodhka roobka

кабаница

dhar-munaasabadeed

костим

labbis

хаљина

lebbis aroos

венчаница

suut
одело

dhar-hurdo
спаваћица

bajaamo
пиџама

saari
сари

masar
марама за главу

cimaamad
турбан

cabaayad
бурка

saako
кафтан

cabaayad
абаја

dharka-dabaasha
купаћи костим

dabo-gaabyo
купаће гаћице

surwaal-dabagaab
кратке панталоне

taraak-suut
одећа за тренинг

dufan-dhowr
кецеља

gacmo gashi
рукавице

galluus

дугме

ookiyaale

наочаре

jijin

наруквица

silis

огрлица

faraati

прстен

dhego dhego

наушница

koofiyo

капа

katabaan

вешалица

koofiyad

шешир

garabaati

краватa

jiinyeer

патент затварач

helmed

кацига

ilko-reeb

нараменице

direes dugsi

школска униформа

direes

униформа

cayo-dhowr

подбрадак

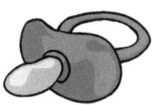

boombale

дуда

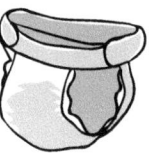

maro-dufeed

пелена

xafiis

канцеларија

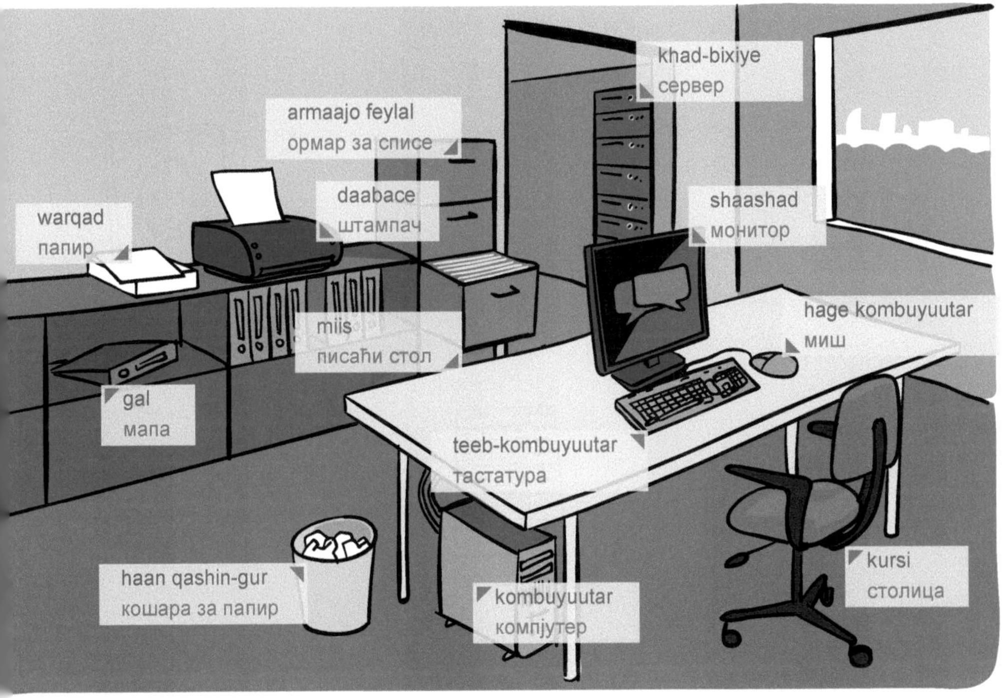

khad-bixiye
сервер

armaajo feylal
ормар за списе

daabace
штампач

warqad
папир

shaashad
монитор

miis
писаћи стол

hage kombuyuutar
миш

gal
мапа

teeb-kombuyuutar
тастатура

haan qashin-gur
кошара за папир

kombuyuutar
компјутер

kursi
столица

koob kafee

шалица за каву

kalkuleytar/xisaabiye

калкулатор

internet

интернет

laabtoob

лаптоп

bakhshad

писмо

fariin

порука

moobaayl

мобилни телефон

shabakad-kombuyuutar

мрежа

footokoobi

уређај за копирање

barnaamij-kombuyuutar

софтвер

telefoon

телефон

god koronto

утичница

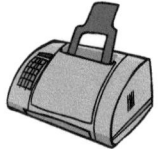

mishiinkan fax-ka

факс

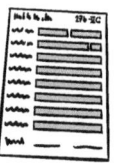

foomka

формулар

dokumenti

документ

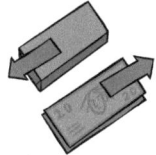

iibso

куповати

bixi

платити

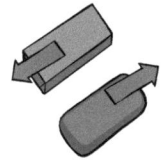

ganacso

трговати

lacag

новац

doollar

долар

yuuro

евро

yenka jabbaan

јен

robolka ruushka

рубља

Franka iswiiska

швајцарски франак

lacagta shiinaha

ренминдби јуан

rubiyada hindiga

рупија

maqal

аутомат за новац

xafiiska sarrifaka lacagaha

мењачница

dahab

злато

qalin

сребро

shidaal

нафта

tamar

енергија

qiime

цена

qandaraas

уговор

canshuur

порез

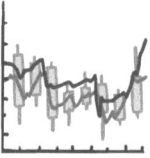

raasumaal

деонице

shaqee

радити

shaqaale

службеник

shaqaaleysiiye

послодавац

warshad

фабрика

dukaan

продавница

dhaqaalaha - економија

shaqooyin
занимања

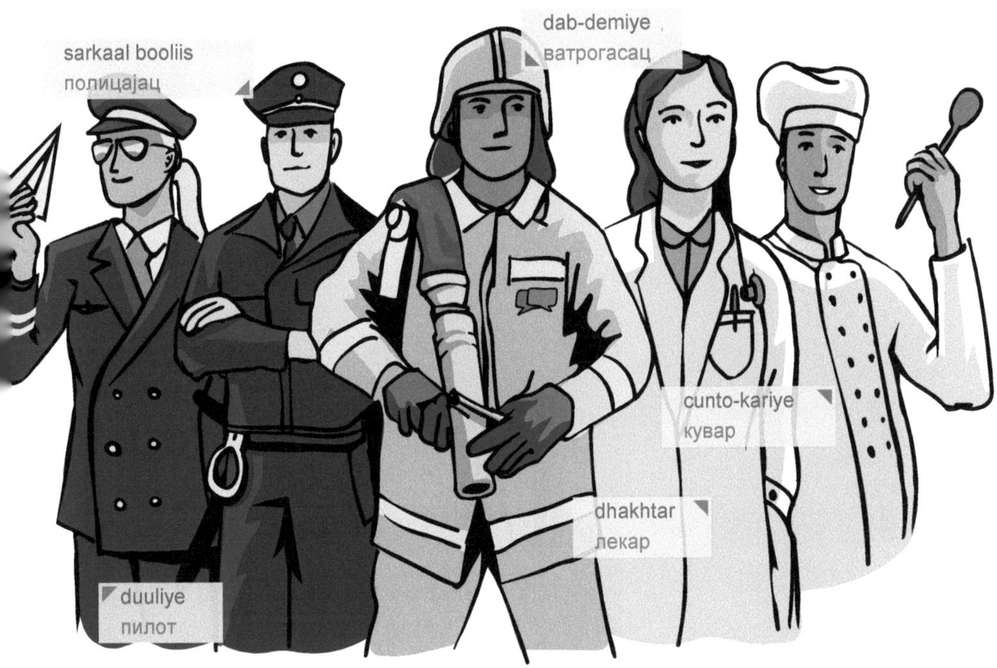

sarkaal booliis
полицајац
dab-demiye
ватрогасац
cunto-kariye
кувар
dhakhtar
лекар
duuliye
пилот

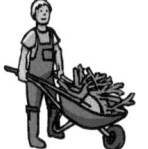

beeralley
вртлар

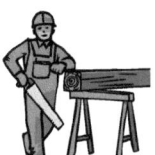

nijaar
столар

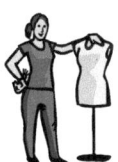

timo-qurxiso
кројачица

qaaddi
судија

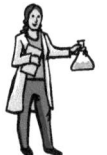

farmashiiste
хемичар

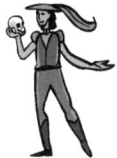

jile
глумац

darawal bas

возач аутобуса

taksiile

возач таксија

kalluumeyste

рибар

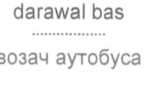

nadiifiso

чистачица

saqaf-dhise

кровопокривач

kabalyeeri

конобар

ugaarsade

ловац

rinjiile

сликар

rooti-dube

пекар

koronto-yaqaan

електричар

dhise

грађевински радник

injineer

инжењер

kawaanle

месар

tuubbiiste

лимар

boostaale

поштар

askari
војник

injineer-dhismo
архитекта

qasnaji
благајник

ubax-yaqaan
цвећар

timo-jare
фризер

kiro-uruuriye
кондуктер

makaanik
механичар

kabtan
капетан

dhakhtar-ilko
зубар

saaynisyahan
научник

wadaad yahuud
раби

imaam
имам

xerow
монах

wadaad
свећеник

qalab

алати

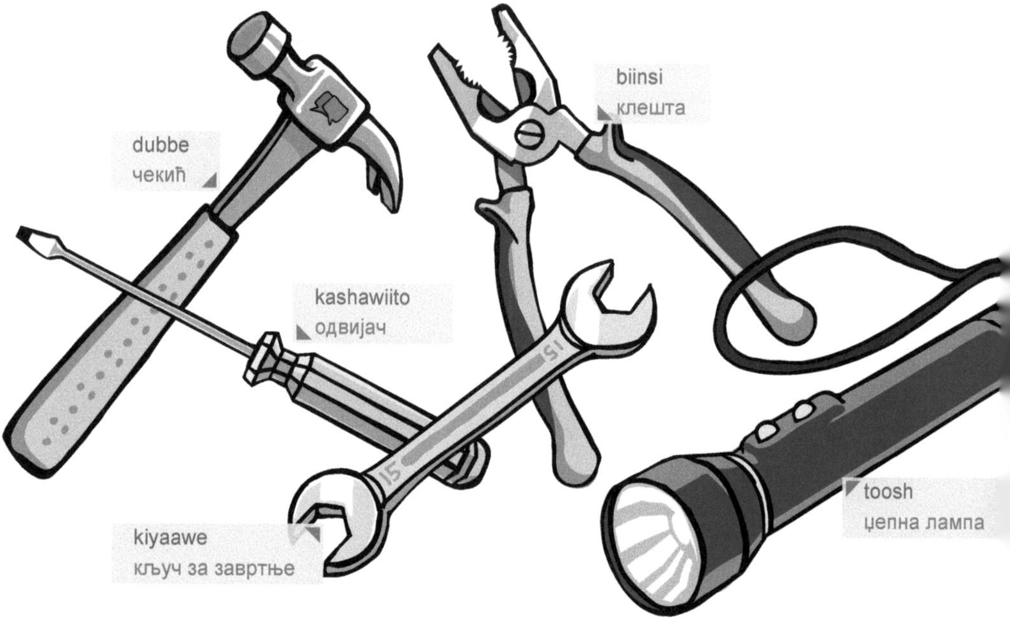

dubbe
чекић
biinsi
клешта
kashawiito
одвијач
kiyaawe
кључ за завртње
toosh
џепна лампа

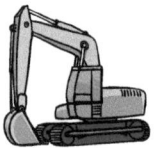

dhul-qoddo
багер

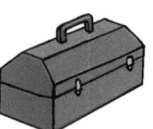

qalab-xajiye
кутија за алат

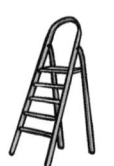

jaraanjaro
мердевине

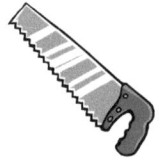

miinshaar
пила

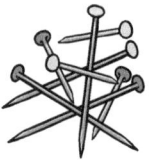

musbaarro
ексер

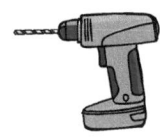

dalooliye
бушилица

dayactir

поправити

badiil

лопата

inkaar kugu dhacday!

до ђавола!

bus-xaabiye

лопатица

gasacad rinji

лонац за боју

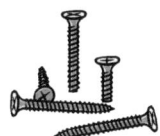

boolal

завртањи

qalab muusiko
музички инструмент

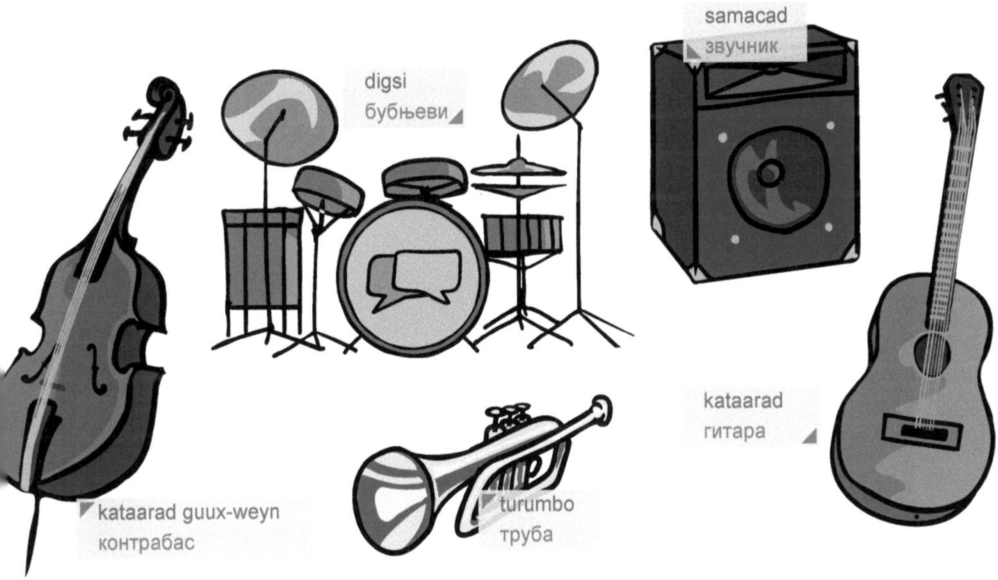

digsi
бубњеви

samacad
звучник

kataarad
гитара

kataarad guux-weyn
контрабас

turumbo
труба

biyaano

клавир

fiyooliin

виолина

karaarad guux-dheer

бас

durbaan-sheegagle

тимпани

durbaan

удараљке за бубњеве

loox-xarfeed-biyaano

типке клавира

turumbo

саксофон

siin-baar

флаута

makarafoon

микрофон

beer-xayawaan

зоолошки врт

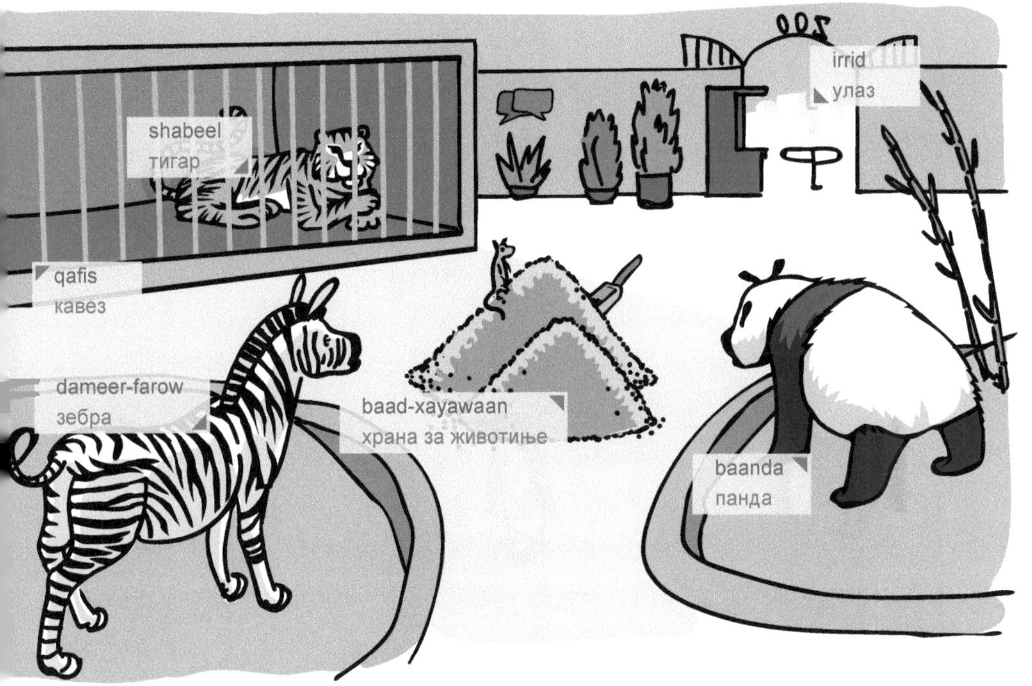

irrid
улаз
shabeel
тигар
qafis
кавез
dameer-farow
зебра
baad-xayawaan
храна за животиње
baanda
панда

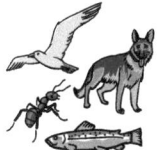

xayawaan

животиње

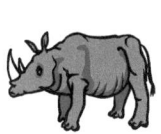

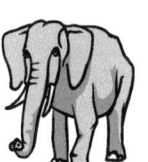

maroodi

слон

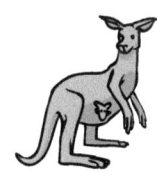

kaangaruu

кенгур

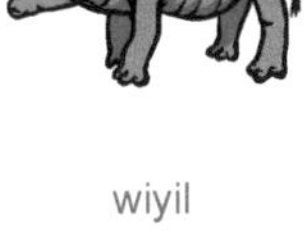

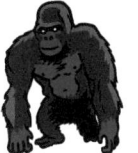

wiyil

носорог

goriille

горила

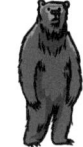

oorso

медвед

geel

камила

gorayo

ној

libaax

лав

daanyeer

мајмун

xiita-luga-dheer

фламинго

baqbaqaa

папагај

oorso baraf-ku-nool

поларни медвед

shimbir baraf

пингвин

libaax-badeed

ајкула

daa'uus

паун

mas

змија

yaxaas

крокодил

beer-xayawaan ilaaliye

чувар у зоолошком врту

bahal kalluun-cun

туљан

shabeel-u-eke

јагуар

beer-xayawaan - зоолошки врт

dhal faras

пони

harmacad

леопард

jeer

нилски коњ

geri

жирафа

gorgor

орао

doofaar-jilibeey

дивља свиња

kalluun

риба

qubo

корњача

maroodi-badeed

морж

dawaco

лисица

deero

газела

kubadda-cagta maraykanka
амерички ногомет

tartanka bashkuleetiga
бициклизам

kubbadda miiska
тенис

kubbadda koleyga
кошарка

dabaal
пливање

cayaarta feerka
бокс

hookiga barafka lagu d
хокеј на леду

kubadda cagta
....
фудбал

baadminton
....
бадминтон

ciyaaraha fudud
....
атлетика

kubadda gacanta
....
рукомет

iskii/ciyaarta barafka
....
скијање

cayaar-faras
....
поло

hawlo

активности

qosol
смејати се
boodid
скочити
hab-siin
загрлити
soco
ићи
hees
певати
riyo
сањати
duceyso
молити се
dhunkasho
пољубити

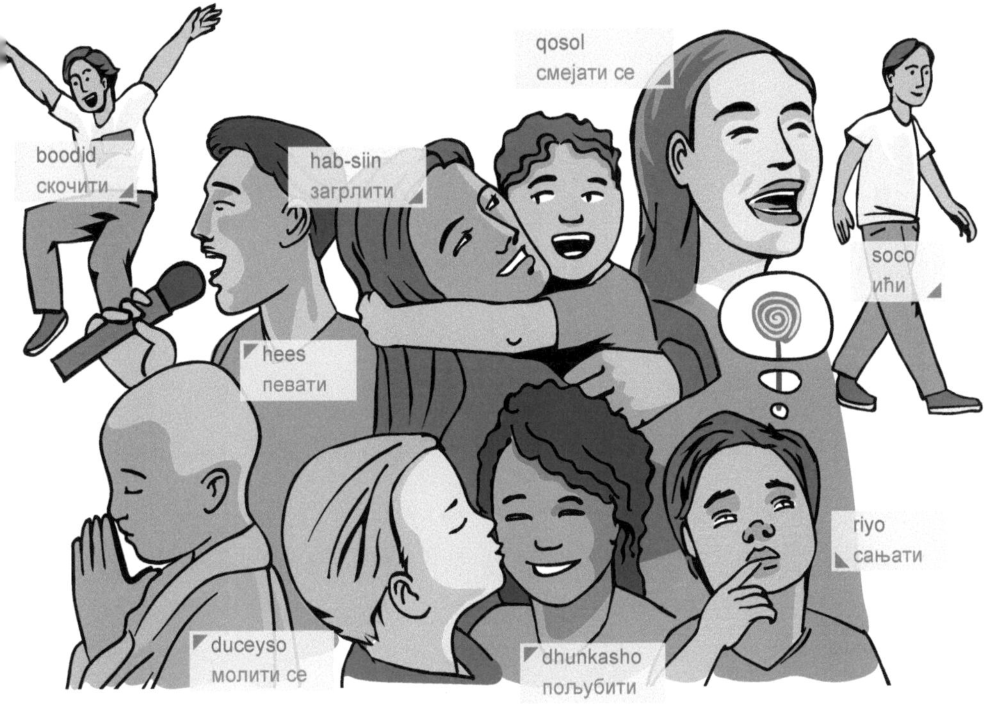

qorraxeed

писати

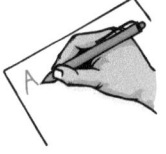

masawirid

цртати

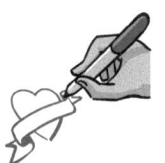

muuji

показати

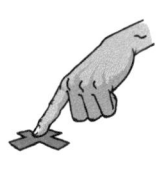

riix

гурати

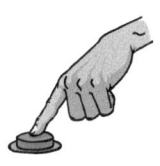

sii

дати

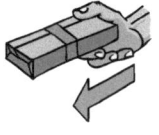

qaado

узети

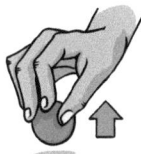

haysasho

имати

samee

чинити

ahaansho

бити

istaag

стојати

orod

трчати

jiid

повлачити

tuur

бацити

dhicid

падати

been-sheegid

лежати

sug

чекати

qaad

носити

fariiso

седити

labiso

облачити

seexo

спавати

toos

пробудити се

fiiri

гледати

ooy

плакати

dhuftay

миловати

shanleyso

чешљати

hadal

говорити

faham

разумети

weydii

питати

dhageysasho

слушати

cab

пити

cun

јести

habee

поспремити

jacayl

волети

kari

кухати

kaxee

возити

duulid

летети

shiraaco

пловити

xisaabi

рачунати

akhri

читати

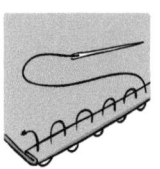

barasho

учити

shaqee

радити

guurso

венчати се

tol

шити

cadayso

прати зубе

dilid

убити

sigaar cab

пушити

dir

послати

ayeeyo
бака

awoowe
деда

aabbe
отац

hooyo
мајка

ilmo
беба

gabar
ћерка

wiil
син

marti

гост

eeddo

тетка

adeer

ујак, стриц

walaal rag

брат

walaal dumar

сестра

jir

тело

fool
чело
il
око
weji
лице
gar
брада
far
прст
gacan
рука
naas
груди
cudud
рука
garab
раме
lug
нога

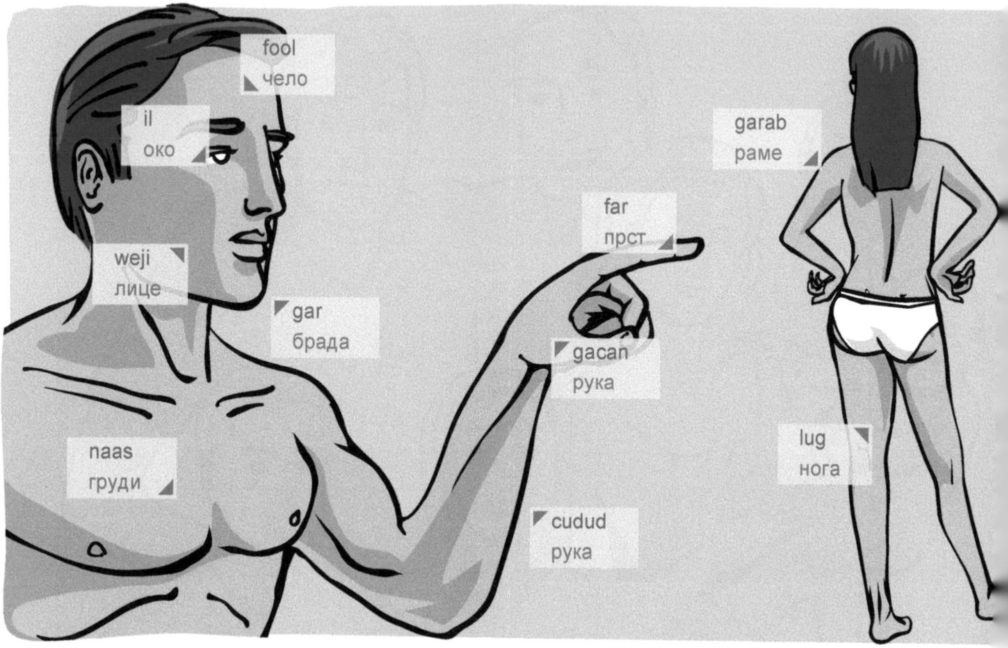

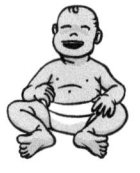

ilmo

беба

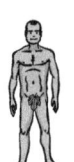

nin

мушкарац

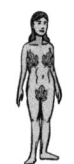

naag

жена

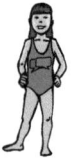

gabar

девојчица

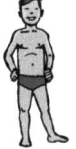

wiil

дечак

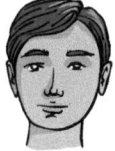

madax

глава

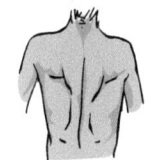

dhabar

леђа

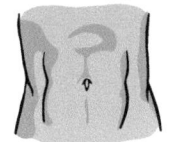

calool

стомак

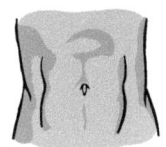

xuddun

пупак

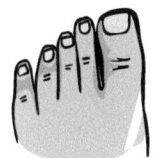

suul

ножни прст

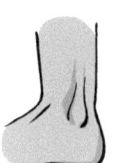

cirib

пета

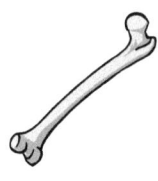

laf

кост

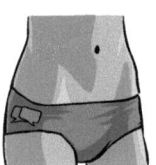

sin

кукови

jilib

колено

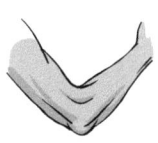

xusul

лакат

san

нос

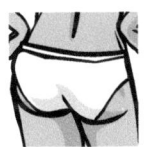

bari

задњица

maqaar

кожа

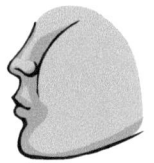

dhafoor

образ

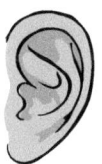

dheg

уво

bishin

усна

jir - тело

af

уста

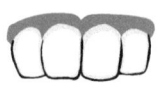

ilig

зуб

carrab

језик

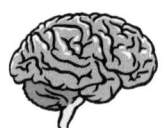

maskax

мозак

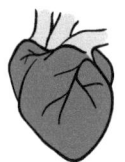

wadno

срце

muruq

мишић

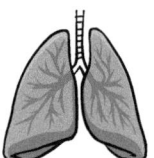

sambab

плућа

beer

јетра

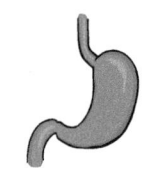

uur kujirta caloosha

желудац

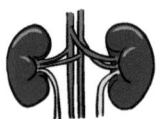

kelyo

бубрези

galmo

полни однос

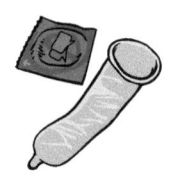

cinjir-galmo

кондом

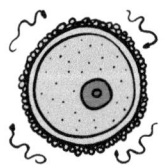

ugxan

јајна ћелија

shahwo

сперма

uur

трудноћа

jir - тело

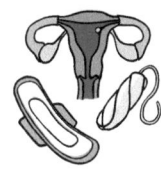

caado

менструација

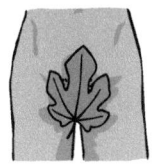

siil

вагина

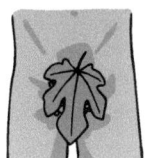

gus

пенис

suni

обрва

timo

коса

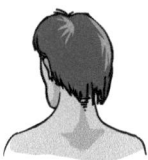

qoor

врат

isbitaal
болница

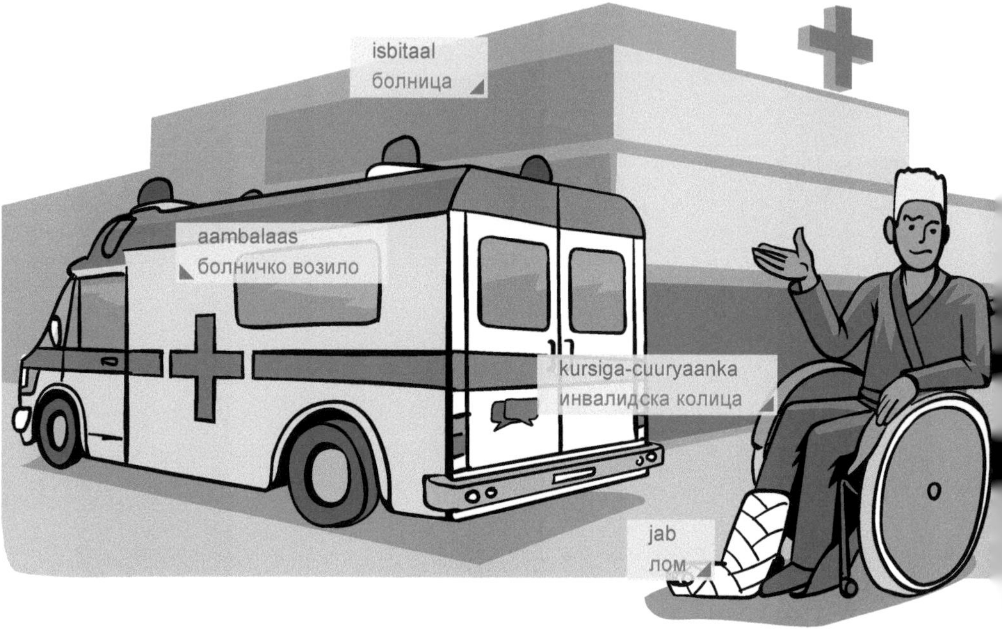

isbitaal
болница
aambalaas
болничко возило
kursiga-cuuryaanka
инвалидска колица
jab
лом

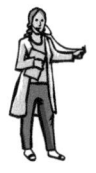

dhakhtar

лекар

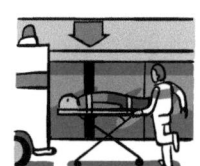

qolka xaaladaha-degdega ah

хитна медицинска служба

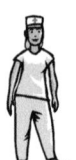

kalkaaliye

медицинска сестра

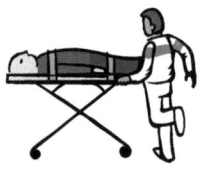

xaalad deg-deg ah

хитни случај

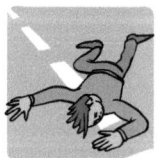

miyir-beelsan

несвест

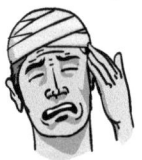

xanuun

бол

dhaawac

повреда

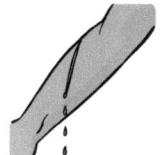

dhiig-bax

крварење

wadno-xanuun

срчани удар

qallal

удар

xasaasiyad

алергија

qufac

кашаљ

qandho

грозница

hargab

грипа

shuban

пролив

madax-xanuun

главобоља

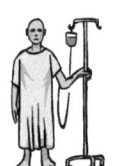

kansar

рак

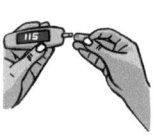

cudurka sokoroow

дијабетес

dhakhtarka-qalliinka

хирург

mindida qalliinka

скалпел

qalliin

операција

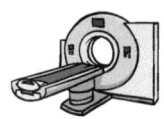

iskaan
цт

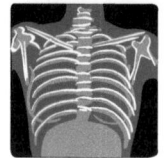

raajo
рентген

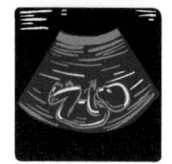

dhawaaq-xawaareed
ултразвук

maaskaro
маска

cudur sokoroow
болест

qolka sugitaanka
чекаона

ul lagu boodo
штака

kab
фластер

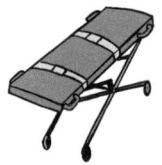

faashato
завој

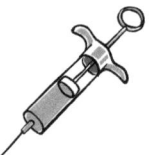

duris
инјекција

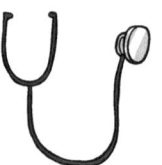

wadne-dhegeyeste
стетоскоп

balankiino
носила

heer-kul-beega qandhada
термометар

dhalasho
рођење

aad-u-cayilan
прекомерна тежина

maqal-caawiye

слушни апарат

jeermis-dile

средство за дезинфекцију

caabuq

инфекција

feyras

вирус

AYDHIS/HIV

хив / аидс

daawo

медицина

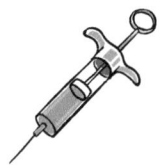

tallaal

вакцинација

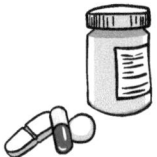

kaniiniyo

таблете

kaniin

пилула

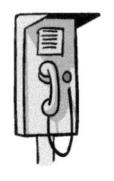

wicitaan deg-deg ah

хитни позив

cabbiraha dhiig-karka

уређај за мерење притиска

xanuunsan / caafimaadsan

болесно / здраво

i caawiya!

помоћ!

sawaxan

аларм

weerar-kadisa ah

насртај

weerar

напад

khatar

опасност

irridda bixida xaalad-deg-deg

излаз у случају нужде

dab!

пожар!

dab demiye

противпожарни апарат

shil

незгода

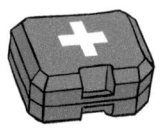

saduuqa xaalada-degdega ah

кутија прве помоћи

codsi badbaado

сос

booliis

полиција

Yurub

Европа

woqooyiga ameerika

Северна Америка

koonfurta ameerika

Јужна Америка

Afrika

Африка

Aasiya

Азија

Oostareeliya

Аустралија

Atlaantik

Атлантик

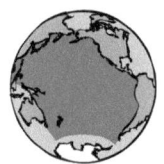

Pacific

Пацифик

Bad-waynta hindiya

Индијски океан

Bad-waynta antarctica

Антарктички океан

Bad-waynta arctic

Арктички океан

cirifka waqooyi

Северни рол

cirifka koonfureed

Јужни рол

Antarctica

Антарктик

dhul

земља

dhul

земља

bad

море

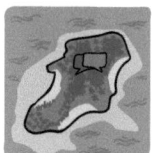

jasiirad

оток

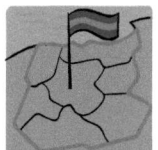

waddan

нација

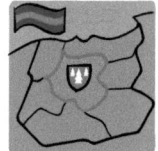

gobol

држава

wajiga saacadda

бројчаник сата

gacanka saacada

сатна казаљка

gacanka daqiiqada

минутна казаљка

gacanka ilbiriqsiga

секундна казаљка

waa intee saac?

Колико је сати?

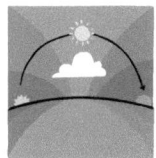

maalin

дан

wakhti

време

hadda

сада

saacadda jiifarrada

дигитални сат

daqiiqad

минута

saacad

час

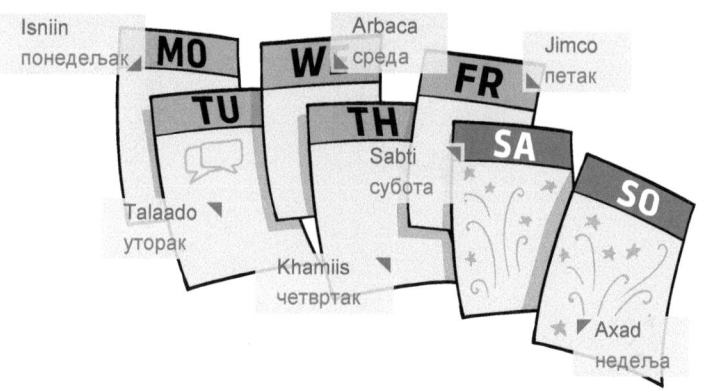

Isniin / понедељак
Talaado / уторак
Arbaca / среда
Khamiis / четвртак
Sabti / субота
Jimco / петак
Axad / недеља

shalay

jуче

maanta

данас

berri

сутра

subax

jутро

duhur

подне

casir

вече

MO	TU	WE	TH	FR	SA	SU
1	2	3	4	5	6	7
8	9	10	11	12	13	14
15	16	17	18	19	20	21
22	23	24	25	26	27	28
29	30	31	1	2	3	4

maalmaha shaqo

радни дани

MO	TU	WE	TH	FR	SA	SU
1	2	3	4	5	6	7
8	9	10	11	12	13	14
15	16	17	18	19	20	21
22	23	24	25	26	27	28
29	30	31	1	2	3	4

dabayaaqada usbuuca

викенд

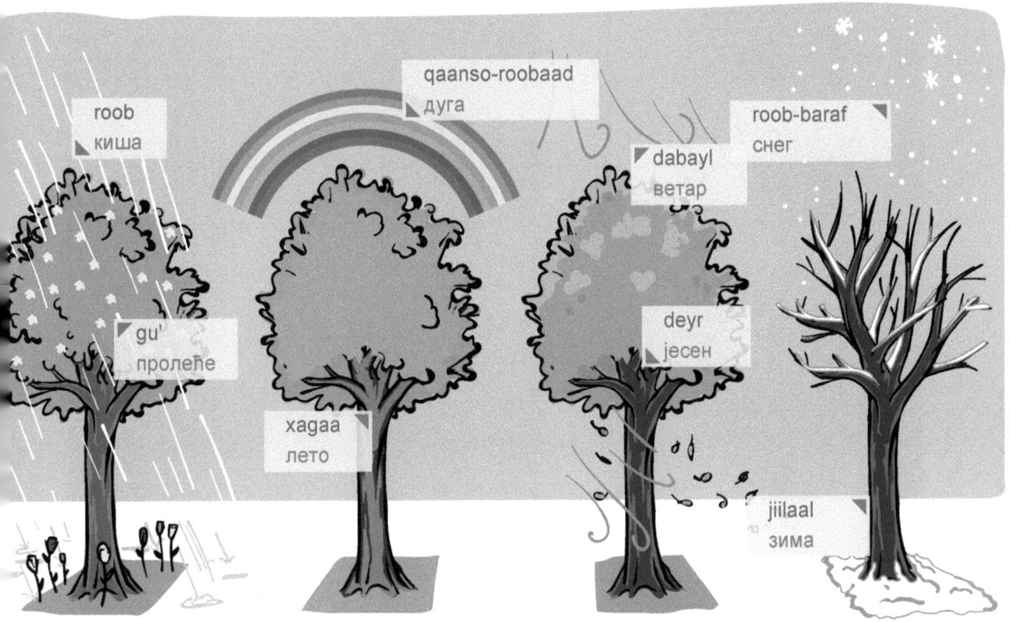

roob
киша
qaanso-roobaad
дуга
roob-baraf
снег
dabayl
ветар
gu'
пролеће
deyr
јесен
xagaa
лето
jiilaal
зима

4.APRIL 11°
5.APRIL 4°
6.APRIL 13°
7.APRIL 8°
8.APRIL 10°

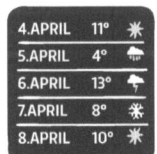

saadaal hawo

етеоролошка прогноза

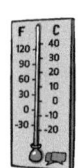

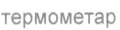

heer-kul baare

термометар

qorraxeed

сунчана светлост

daruur

облак

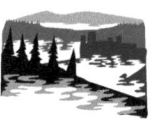

ceeryaamo

магла

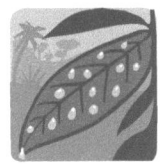

huur

влажност ваздуха

jac

муња

onkod

грмљавина

duufaan

олуја

roob-baraf

туча

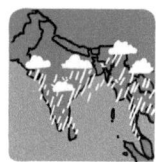

maansuun

монсун

daad

поплава

baraf

лед

Jannaayo

јануар

Febraayo

фебруар

Maarso

март

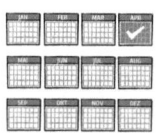

Abriil

април

Mey

мај

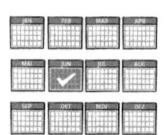

Juun

јуни

Luulyo

јули

Agoosto

август

Sebteember
....
септембар

Oktoobar
....
октобар

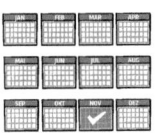

Nofeember
....
новембар

Diseember
....
децембар

goobaabo
....
круг

afar-gees
....
квадрат

leydi
....
правоугао

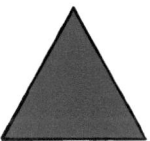

saddex-xagal
....
троугао

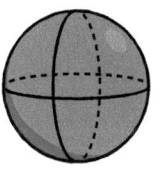

wareeg
....
кугла

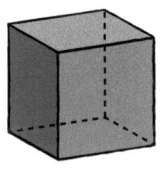

bokis
....
коцка

caddaan

бела

hurdi

жута

oranji

наранџаста

guduud-khafiif

ружичаста

casaan

црвена

carwaajis

љубичаста

bluug

плава

cagaar

зелена

boroon

смеђа

cawl

сива

madow

црна

badan / yar

много / мало

caro / daganaan

љутито / мирно

qurxoon / foolxun

лепо / ружно

billow / dhammaad

почетак / крај

yar / weyn

велико / малено

iftiin / mugdi

светло / тамно

walaalkaa / walaashaa

брат / сестра

nadiif / wasakhaysan

чисто / прљаво

buuxa / dhantaalan

потпуно / непотпуно

maalin / habeen

дан / ноћ

dhintay / nool

мртво / живо

ballaaran / ciriiri ah

широко / уско

la cuni karo / aan la cuni karin

јестиво / нејестиво

arxan-daran / naxariis-badan

зло / добро

faraxsan / caajisan

узбуђено / досадно

buuran / caateysan

дебело / мршаво

ugu horeeya / ugu dambeeya

на почетку / на крају

saaxiib / cadaw

пријатељ / непријатељ

maran / buuxa.

пуно / празно

adag / jilicsan

тврдо / мекано

culus / fudud

тешко / лагано

gaajo / oon

глад / жеђ

xanuunsan / caafimaadsan

болесно / здраво

sharci-darro / sharci

илегално / легално

caaqil / dabbaal

паметно / глупо

bidix / midig

лево / десно

dhow / fog

близу / далеко

cusub / duug

ново / половно

waxba / wax

ништа / нешто

da' / dhalinyar

старо / младо

daaris / damin

укључено / искључено

furan / xiran

отворено / затворено

aamusnaan / cod-dheer

тихо / гласно

taajir / sabool

богато / сиромашно

sax / khalad

тачно / погрешно

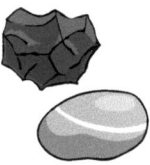

jilif leh / sabiibax

храпаво / глатко

murugsan / faraxsan

тужно / сретно

gaaban / dheer

кратко / дуго

tartiib / dhaqsi

полако / брзо

qoyaan / qalleyl

мокро / сухо

qandac / qabow

топло / хладно

dagaal / nabad

рат / мир

0

eber

нула

1

kow

jедан

2

laba

два

3

saddex

три

4

afar

четири

5

shan

пет

6

lix

шест

7

toddoba

седам

8

sideed

осам

9

sagaal

девет

10

toban

десет

11

kow iyo toban

jеданаест

12

laba iyo toban

дванаест

13

sadex iyo toban

тринаест

14

afar iyo toban

четрнаест

15

shan iyo toban

петнаест

16

lix iyo toban

шестнаест

17

todoba iyo toban

седамнаест

18

sideed iyo toban

осамнаест

19

sagaal iyo toban

деветнаест

20

labaatan

двадесет

100

boqol

стотину

1.000

kun

хиљаду

1.000.000

malyuun

милион

Af ingiriis

енглески

Ingiriiska Mareykanka

амерички енглески

Mandariinka Shiinaha

мандарински кинески

Hindi

хиндски

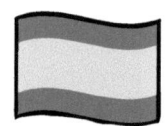

Boortaqiis

шпански

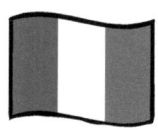

Faransiis

француски

Carabi

арапски

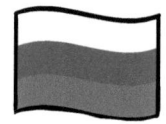

Ruush

руски

Boortaqiis

португалски

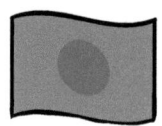

Bengaali

бенгалски

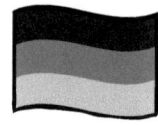

Jarmal

немачки

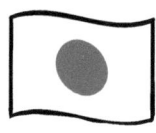

Jabaaniis

јапански

aniga

ja

adiga

ти

asaga / ayada

он / она / оно

annaga

ми

idinka

ви

ayaga

они

kee?

Ко?

maxay?

Шта?

sidee?

Како?

xagee?

Где?

goorma?

Када?

magac

име

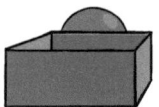

gadaal

иза

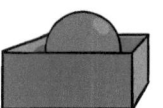

gudaha

у

horta

испред

ka sare

преко

dusha

на

ka hooseeya

испод

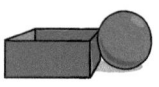

dhinac

поред

u dhexeeya

између

meel

место